옷이 자랐다

웃이 자랐다

초판 1쇄 발행 2016년 5월 6일

지은이 최순향
펴낸이 장길수
펴낸곳 지식과감성#
출판등록 제2012-000081호

디자인 양보영
편집 이현
교정 이인영
마케팅 안신광

주소 서울시 금천구 가산동 60-5 갑을그레이트밸리 B동 507호
전화 070-4651-3730~4
팩스 070-4325-7006
이메일 ksbookup@naver.com
홈페이지 www.knsbookup.com

ISBN 979-11-5961-118-6(03810)
값 10,000원

ⓒ 최순향 2016 Printed in Korea

이 책의 전부 또는 일부 내용을 재사용하려면 사전에 저작권자와 펴낸곳의 동의를 받아야 합니다.

이 도서의 국립중앙도서관 출판예정도서목록(CIP)은 서지정보유통지원시스템 홈페이지(http://seoji.nl.go.kr)와 국가자료공동목록시스템(http://www.nl.go.kr/kolisnet)에서 이용하실 수 있습니다. (CIP제어번호 : CIP2016011079)

홈페이지 바로가기

웃이 자랐다

최순향 지음

序 文

柳聖圭 / 《時調生活》誌 發行人
世界傳統詩人協會 會長

　시인이자 평론가인 하정(荷汀) 최순향(崔順香) 시인이 첫 번째 시집 《긴힛돈 그츠리잇가》 출간 이후 11년 만에 두 번째 시집 《옷이 자랐다》의 서문을 부탁해 왔다.
　오랜 세월 노고를 함께한지라 매우 반갑고 또한 축하의 마음이 앞선다.

　한 시인의 생활환경이나 성장과정, 곧 시적배경은 그의 시를 제대로 파악하는 잣대가 되는 것이다.
　최 시인은 경상북도 영일군의 산자수명(山紫水明)한 대자연 속에서 오남매 중 오빠 둘, 언니 둘이 있는 막내로 태어나 요조숙녀로 자라났다.

아버님의 훈도는 공자 왈(孔子 曰)로 시작된다. 최 시인은 엄친의 유가적(儒家的) 선비풍 생활 태도를 그대로 빼닮은 데다, 어머님의 보살핌은 더욱 지엄하여 일거수일투족 흐트러진 데가 없이 반듯하게 자라났다.

최 시인은 마음씨가 따뜻하고 매사에 성실하며, 책임감이 강하여 솔선수범하는 지극한 모범생으로 알려져 있다.

최 시인과의 인연은 매우 깊은 편이라, 그의 성정과 행적을 내가 훤히 알고 있는 셈이다. 지금으로부터 18년 전, 최 시인은 내가 발행인으로 있는 《時調生活》지에서 나의 추천으로 등단하면서 그 즉시 등단지인 《時調生活》지의 기자, 편집장, 주간 직을 맡으며 결코 한눈파는 법 없이 노고를 같이 해왔다.

그뿐인가, 내가 주도해 온 세계전통시인협회에서는 세계 전통시 부흥운동에 앞장서 헌신 봉사하여, 본 회의 차석부회장의 중책을 맡으니 실로 남다른 족적이다. 최 시인의 작품성, 그 능력 등을 높이 산 한국문인협회에서는 이사로 영입하기에 이른다. 나도 이런 영광을 마음껏 축하하고 기뻐하리라.

우리 인류는 지금 심한 난국(亂局)을 맞고 있다. 철학의 조명(照明)이 없는 과학 발전으로 발생한 편의주의는 이기주의의 온상이 되어, 권리는 주장하되 의무는 외면하는 불균형에다, 극기력이나 절제력은 날로 잃어가고, 나약한 이기주의자로 전락하여 제멋대로 살고 싶어 한다.
  사람들은 시조는 그 형식이 까다롭다고 자유시를 선호했지만, 근간의 자유시인들이 저도 모르고 나도 모르는 난삽한 시를 써대는 바람에 독자들이 추풍낙엽처럼 떨어져 나갔고, 요새는 시조시인들까지 덩달아 국민들이 전혀 알 수 없는 시조를 써대는 바람에 시조의 앞날도 어두워졌다.
  이럴 때 최 시인의 시조다운 시조를 대하니 시든 푸나무가 생기(生氣)를 되찾는 기분이다.
  최 시인의 시야말로 철학적 사유에 근거한 시적 볼륨이 끈끈하고 묵직하여 시조의 지평을 열어제친 다음, 새로운 기풍의 시조 풍토를 조성하였다 할 것이다.

  몇 작품을 살펴보기로 한다.

최순향 시조집 옷이 자랐다

선운사 가는 길 외진 도랑가에서 그대를 만났네 만나졌다네

   천년을 땅 속에서 기다린 님하 여미고 여미어 눈길 한번까지도 속으로만 속으로만 다스린 님하 비바람 천둥번개 치던 어느 하루 경천동지 까무러져 세상밖에 돌덩이로 내동댕이쳐진 님하 선운사 길섶에서 나를 기다린 그대여, 동백꽃도 봄 햇살도 그대 입을 열지 못하고 나비의 날갯짓도 이끼의 속울음도 그대 귀를 열지 못했네 못했네 안으로 안으로 녹아내린 울음은 기어이 보살의 미소가 되었네 나는 보았네 내 발자국 소리에 눈감고 미소 지으며 날 반기던 그대를, 무에 그리 부끄러워 눈도 뜨지 못하고 뺨을 붉히던 그대 그 숨결을, 나 그렇게 만났네 만나졌다네 아! 그대 즈믄 해를 외오곰 여신돌

  信잇돈 그츠리잇가 信잇잇돈 그츠리잇가 아, 님하
                      — 〈信잇돈 그츠리잇가〉

《옷이 자랐다》라는 시집 속의 시들이 한결 빛났지만 그중에서도 〈信잇돈 그츠리잇가〉란 시조는 저력 있는 철학성과 최첨단의 예술성을 지닌 불후의 걸작이라 극찬하고 싶다.

    생각 하나 점을 위해 수직으로 낙하한다
    생각 둘 넓이를 위해 흔들리며 내려앉는다
    하늘이 모자랄까 봐 가만히 엎드렸다
                              — 〈가을 숲에서〉

〈가을 숲에서〉는 우주 창조의 대원칙과 우주 속 삼라만상이 제자리에 놓이기까지의 질서를 차원(次元)으로 언급했다.
  점(點), 곧 0차원에서 2차원인 넓이로 진화한다. 이렇게 활동역(活動域)이 제시됐다. 복잡다기한 우주현상을 유지하기 위한 방법은 곧 동(動)을 살리기 위해 정(靜)을 내세우는 우주 질서를 제시했다. 우주 질서를 필자의 몫으로 끌어들인 독특한 필력을 과시한 점을 매우 높이 사고 싶다.

최순향 시조집 옷이 자랐다

구순의 오라버니 옷이 자꾸 자랐다
기장도 길어지고 품도 점점 헐렁하고
마침내 옷 속에 숨으셨다 살구꽃이 곱던 날에

— 〈옷이 자랐다〉

〈옷이 자랐다〉는 오라버니가 나이 들며 왜소해지는 모습이 너무 가슴 아프게 느낀 순간을 기발한 수법으로 처리했다.
헐렁해진 옷 속의 오라버니 모습 - 옷이 자란 게 아니라 육신이 작아진 반어법(反語法)적 독특한 작법이 이채롭다. 옷 속에서 돌아가신 모습을 숨으셨다고 쓰고 있다. 조용한 가운데 물씬 그립고 가슴 아픈 모습을 유감없이 구현한 수작이다.

그리고 〈노년, 그 아득함에 대하여 1, 2, 3〉 또한 매우 비중 있는 시조였다.
이 밖에도 〈겨울 심서〉, 〈파도〉, 〈심상〉, 〈고요에 대하여〉, 〈한계〉 등 감명 깊은 작품들이 많았지만 모두 언급하지 못하는 것을 아쉽게 생각한다.

이렇게 좋은 글을 생산해 내신 최 시인의 위업을 마음껏 축하하며, 끝으로 댁내 균안하시고, 건강한 가운데 문단의 기린아로 남아 계속 좋은 작품을 선보여 주시기를 빌겠습니다.

차례

ㄱ

가을 숲에서	16
가장家長의 구두	17
갈대와 강물	18
갈 치	21
겨울 숲	22
겨울 심서心緖	25
고 백	26
고요에 대하여	27
구 도構圖	30
기억 저편	31

ㄴ, ㄷ

낙 엽	34
너, 그렇게 소리로 오고	35
노년, 그 아득함에 대하여 1	36
노년, 그 아득함에 대하여 2	37
노년, 그 아득함에 대하여 3	38
노래방에서	39
돌[石] 꽃	40

ㅁ

마침표	44
메주꽃	47
무슨 꽃이 피려나	48
무슨 일이 있었을까	49
묵墨	50

ㅂ

바람꽃	54
변 용變容	55
보 리	56
보시기에 좋았더라	57
봄 날	58
봄날 연서	60
봄비 온 뒤	61
분꽃이 핀다	62
빨래가 되고 싶다	63

ㅅ

산다는 건 2	68
3월 모일某日	69
상황 종료	70
생 각	71
생강꽃과 초승달	73
섣달 그믐밤	74
손 톱	75
信잇든 그츠리잇가	76
심 상心象	77

ㅇ

안 부	80
5월의 숲	82
옷이 자랐다	85
음 신音信	86
이 력履歷	87
이삿짐을 싸다가	88
이상한 증세	89
이제야 보이네	90
이합離合의 둘레	91
인사동 연가戀歌	92
일기를 찢다	93
입동 즈음	94
입춘이 왔다갔네	95

ㅈ, ㅊ, ㅍ, ㅎ

작 별	98
친구 이야기	99
파 도	100
한 계	101
호야의 일생	103
혹은 가고 혹은 남은	104

荷汀 崔順香 時調集
옷이 자랐다

ㄱ

가을 숲에서

가장의 구두

갈대와 강물

갈 치

겨울 숲

겨울 심서心緒

고 백 – 자작나무 숲에서

고요에 대하여

구 도構圖

기억 저편

최순항 시조집 옷이 자랐다

가을 숲에서

생각 하나 점을 위해 수직으로 낙하한다

생각 둘 넓이를 위해 흔들리며 내려앉는다

하늘이 모자랄까 봐 가만히 엎드렸다

가장家長의 구두

감당한 무게만큼
닳아버린 뒤축하며

조이느라 다 해진
가장의 구두끈이

핏덩이 울컥 솟듯이 목에 걸린 아침나절

최순향 시조집 옷이 자랐다

갈 대 와   강 물

거기 그냥 그대로 그렇게 계셔요

나 여기 이만큼
이렇게 있을게요

하늘은
오늘도 푸르고
숲에선 바람이 울고

최순향 시조집 옷이 자랐다

갈　치

서울 외진 뒷골목
허름한 식당가

먼 하늘 고향 바다
세네갈 갈치가

도도히
석쇠에 올라
분신焚身하고 있었다

최순향 시조집 옷이 자랐다

겨 울 숲

길이 다한 곳의 숲 속은 고요하다
이제 조금 알 것 같다 그대 침묵 그 의미를
길 밖에 길이 있음을 그대가 일러주네

한없는 서성임과 무량의 그리움들
들풀이 자리하듯 그렇게 심어놓고
침묵은 바람이 되어 숲 속에서 자라네

최순향 시조집 옷이 자랐다

이별을 배운 숲엔 눈물도 섬이 된다
스스로를 가두어 흔적으로 남겨진
유예의 이 계절 앞에 입을 다문 영혼이여

겨울 심서心緒

어느 집 대문 앞이
저리도 비어 있나

낙하하라
허공에 매달린 생각 하나

해체의 꽃자리에서
비로소 자유로운

고 백
– 자작나무 숲에서

가슴에 사막을 지니고 살았습니다
풀 한 포기 못 키우는 불임의 땅에서
오늘은 터지는 통곡을 당신께 바칩니다

먼저 와 기다리고 계셨습니다, 당신은
버려진 돌멩이까지 은혜로운 영토에서
떨리는 바람소리도 헤아리라 하십니다

고 요 에   대 하 여

길게 누운 고요 위로 소리가 지고 있다
꽃의 울음소리를 고요가 먹고 있다
유리벽 뚫다 넘어진 그림자가 흩어진다

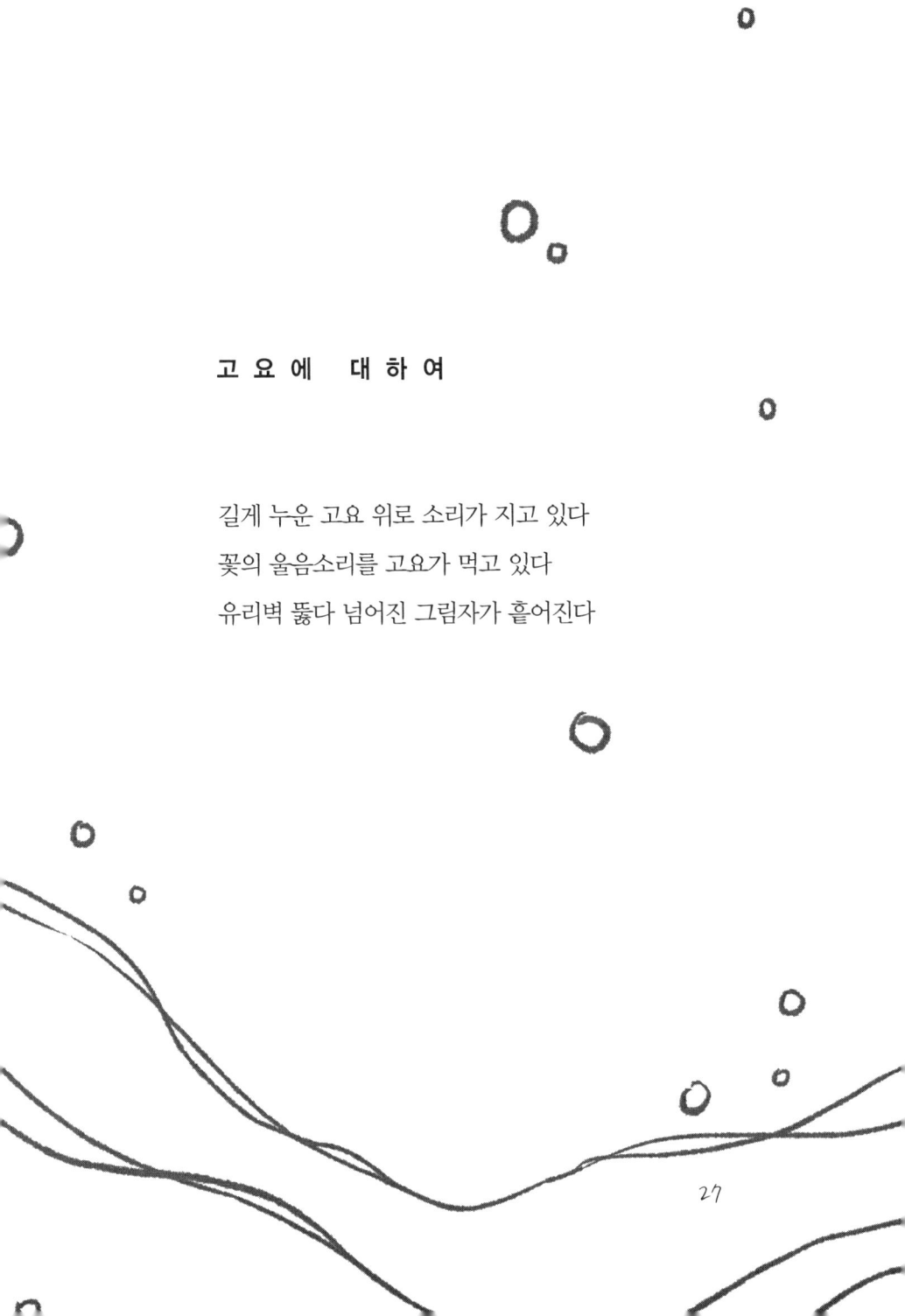

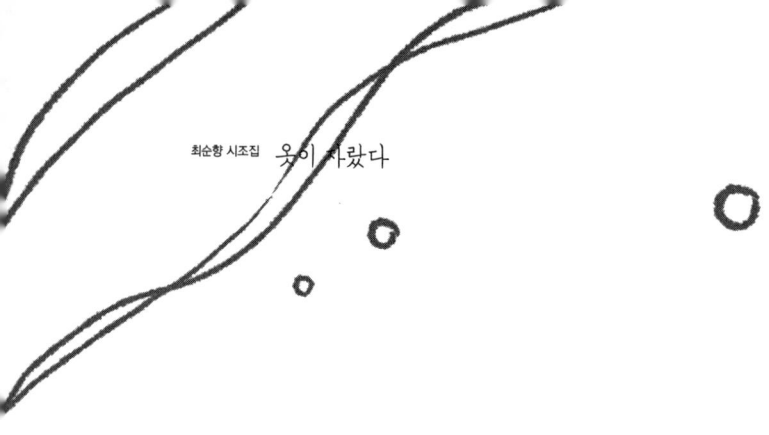

최순향 시조집 **옷이 자랐다**

바람을 데리고 혼자 길을 나선다
생각이 달려 나가 저만치 길을 열면
고요는 발자국 위에 흔적으로 고인다

바람이 쌓인 언덕 그 너머로 봄은 오고
엉겅퀴는 자꾸만 가시를 키워대고
고요는 찔려도 좋을 하늘을 먹고 있다

최순향 시조집 옷이 자랐다

구 도 構圖

대들보를 베고 누운 서까래의 안분安分들
기막힌 저 구도를 누가 먼저 세웠을까

우리네
살아가는 일
저만하면 좋겠네

기 억   저 편

골목 안 어디선가 괘종시계 치는 소리

반쯤 열린 대문 안엔
칸나꽃이 붉었다

어두운
장지문 너머
세월이 서성이고

荷汀 崔順香 時調集
옷이 자랐다

ㄴ, ㄷ

낙 엽
너, 그렇게 소리로 오고
노년, 그 아득함에 대하여 1 ― 베갯모
노년, 그 아득함에 대하여 2 ― 흑백 회상
노년, 그 아득함에 대하여 3 ― 조각 잠
노래방에서 ― 그녀
돌[石] 꽃

최순향 시조집 옷이 자랐다

낙 엽

가을 숲 빈 의자에
내려앉은
소식 하나

형용사
하나 없이
느낌표와 말없음표

하늘이
그리 곱던 날
내가 받은 엽서 한 장

너, 그렇게 소리로 오고

머언 길 돌아와 바람으로 울고 있다

말없이 흔들고는 나도 따라 울라 한다

그렇게
너, 소리로 오고
나, 그림이 되네

최순향 시조집 옷이 자랐다

노년, 그 아득함에 대하여 1
— 베갯모

동그랗게 모로 누워 쓸어보는 베갯모
큰 애기 손끝에서 피어나던 꽃밭이다
아득히 모란이 핀다 초례청이 보인다

살구꽃도 피었고 차일도 높았었지
훤칠한 사모관대 파르르 떠는 족두리
베갯모, 손길을 따라 열리는 꽃길이다

노년, 그 아득함에 대하여 2
— 흑백 회상

오래전 세상 떠난 어머니가 웃고 있고

다듬이질 소리가 온 마당에 깔렸고

낼모레 시집갈 언닌 방물장수 곁에 있고

노년, 그 아득함에 대하여 3
— 조각 잠

나이 들면 자는 것도 일일까
힘이 든다

한 잠 자고 일어나 쉬었다가 다시 잔다

조각 잠 곱게 수놓아 남은 날을 덮을까

노래방에서
− 그녀

술 취한 그녀 뺨이
단풍보다 고왔습니다
트로트 가사를 안고
펑펑 울고 있었습니다
가을밤
수줍게 걸린
눈썹달을 보았습니다

최순향 시조집 옷이 자랐다

돌[石] 꽃

눈감고 흘러가는 강물이면 좋았을 걸

거침없이 제길 찾는 바람이면 더욱 좋고

바위는

천년을 두고 네게,

꽃이 되고 싶었다

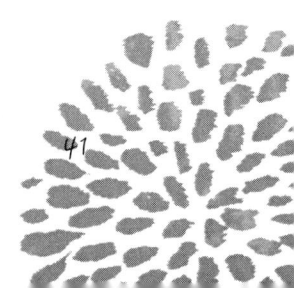

荷汀 崔順香 時調集
옷이 자랐다

ㅁ

마침표

메주꽃

무슨 꽃이 피려나

무슨 일이 있었을까

묵墨

최순향 시조집 옷이 자랐다

마 침 표

이름 모를 관악기의 쉰 듯한 음 하나가

길게 사라진다
한숨 쉬듯 목이 멘 듯

최순향 시조집 옷이 자랐다

한 목숨
무대를 떠나고
서녘엔 하늘이 붉다

메 주 꽃

거꾸로 매달린 채 혼절하길 몇 차례
논바닥 갈라지듯 전신은 갈라지고
수없는 낮과 밤들이 왔다간 돌아가고

눈물도 말라버린 달빛 푸른 어느 밤
살을 찢고 피어나는 뽀얗고 푸른 꽃
천년의 우담바라가 그댈 위해 피었습니다

무 슨 꽃 이 피 려 나

그대가 바라보던
편편백백片片白白
저 서설瑞雪은

꽃이다
바람이다
바람 밖의 사랑이다

빠개어
가슴을 열면
무슨 꽃이 피려나

무 슨 일 이 있 었 을 까

겨우내 땅 속에선 무슨 일이 있었을까

연초록
분홍 빨강
샛노란 물감들이

저렇게
가지에 올라
가슴 뛰게 만들다니

최순항 시조집 옷이 자랐다

묵墨

한 점 찍고 눈 감는다
한 획 긋고 숨 돌린다

한 사람 살아가는
발자국 소리 같다

흰 종이 검은 색깔의
살점들이 보인다

荷汀 崔順香 時調集
옷이 자랐다

ㅂ

바람꽃

변 용變容

보 리

보시기에 좋았더라

봄 날

봄날 연서

봄비 온 뒤

분꽃이 핀다

빨래가 되고 싶다

최순향 시조집 옷이 자랐다

바 람 꽃

눈물도 꽃이 되는
5월의 곰배령

나, 그댈 생각했네
그대를 보았네

바람이
울고 간 자리
꽃으로 온 그대 얼굴

변　용 變 容

능소화 꽃그늘로 노을이 쌓이고 있었다

어느 새 그 노을은 데미안의 알을 품고

새는 날 하늘을 가르고 목이 긴 새가 떴다

최순향 시조집 옷이 자랐다

보 리

밟아라 밟아라 밟힐수록 일어설 거다
한겨울 죽었다가 짱짱하게 일어설 거다
기미년 독립만세 부르듯 그렇게 일어설 거다

보 시 기 에   좋 았 더 라

넉넉한 후박나무 그늘이 게 있었네

철없이 행복한 아이들이 뒹굴고

그 곁에 무슨 꽃인가 빙긋이 웃고 있네

최순향 시조집 옷이 자랐다

봄 날

뼛가루와 하얀 햇살 여전히 파란 하늘
바람은 무덤에 와 자장가를 부르고

느리게

아주 느리게

봄날이 가고 있다

최순향 시조집 옷이 자랐다

봄 날 연 서

벚꽃 환한 어느 봄날
꽃잎 날듯 같이 날자
두어 바퀴 굴러서
꽃 속에 누웠다가
연분홍
꽃물 들거든
초례청에 같이 서자

봄 비 온 뒤

빗방울 떨어진다 연둣빛 파닥거리고

수많은 상형문자 구조構造하다 해체解體하다

누군가 밤새워 써놓은 파스텔화 연서 한 폭

최순향 시조집 옷이 자랐다

분 꽃 이   핀 다

뒤통수가 동그란 게
아직도 계집애 같다

흰 머리도 더러 있고
돋보기도 끼지만

배시시 웃어줄 때는
고향 뒤란 분꽃이 핀다

빨래가 되고 싶다

그렇게 끈적이던 욕망의 늪을 지나
바지랑대 높이 올라 바람에 흔들리며
볕 좋은 이 가을 앞에 빨래 되어 걸리고 싶다

최순향 시조집 옷이 자랐다

차마 버리지 못할 그 날 그 손짓하며
아직도 남아있을 옷소매 추억까지
남몰래 여린 빛으로 이 가을을 걸고 싶다

그리하여 저 깊숙이 어두운 그 곳까지
바래어 깃발 되는 저 하늘 그 자리까지
그 옛날 어머니 뜨락 빨래가 되고 싶다

荷汀 崔順香 時調集
옷이 자랐다

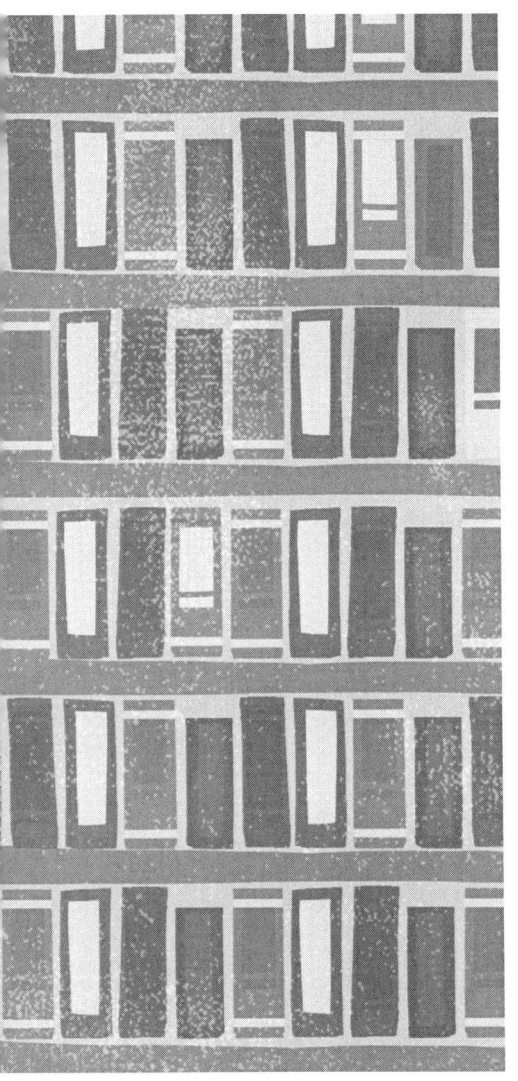

人

산다는 건 2

3월 모일某日

상황 종료

생 각

생강꽃과 초승달 – k 화백의 전시회에서

섣달 그믐밤

손 톱

信잇든 그츠리잇가

심 상心象

최순향 시조집 옷이 자랐다

산 다 는   건 2

입추 무렵 매미가 목 놓아 울어대듯

유리조각 밟으며 피 흘리고 걸어가듯

오늘은

맑은 종소리 하늘에서 내립니다

3월　모 일某 日

창밖 버드나무
물오른 3월 모일

소나무도
갈피갈피
바람을 쐬고 있다

겨우내
면벽面壁 한 마음
빨랫줄에 널어볼까

최순항 시조집 옷이 자랐다

상 황 종 료

가시* 한 마리가 마음 밭을 휘젓습니다

왕소금 한가마닐 뿌리고 또 뿌렸지요

그러다 나도 가시가 되어 나뒹굴어 버렸습니다

* 가시 : 된장 등에 생기는 구더기

생   각

생각도 물길처럼 그랬으면 좋겠다
탁류로 흐르다가 폭포로 꽂히다가
유순히 다시 흐르는 맑은 울음 그것처럼

최순향 시조집 옷이 자랐다

생각도 별처럼 그랬으면 좋겠다
폭우에 젖었다가 바람에 흔들리다
밤하늘 푸르게 걸린 고운 눈빛 그것처럼

생 강 꽃 과   초 승 달
− K화백의 전시회에서

청람빛 봄 하늘에
노오란 생강꽃

그 나무 가지 사이 초승달이 걸렸다

파르르
겁에 질려서
새파랗게 떠있다

최순향 시조집 옷이 자랐다

섣 달   그 믐 밤

탁본 떠서 벽에 걸 듯 지난 세월 펼쳐보다

남루가 부끄러워 두 눈을 감는다

하나님, 당신만 아소서 아니 당신만 모르소서

손 톱

꼭 그만큼
손톱은
밤마다 자라났다

봉숭아 꽃물 져도
고운 눈매 그대로다

누굴까
이 단단한 갑주甲冑 속
슬픔 한 줌 심은 이는

최순향 시조집 옷이 자랐다

信 잇든 그 츠 리 잇 가

선운사 가는 길 외진 도랑가에서 그대를 만났네 만나졌다네

천년을 땅속에서 기다린 님하 여미고 여미어 눈길 한번까지도 속으로만 속으로만 다스린 님하 비바람 천둥번개 치던 어느 하루 경천동지 까무러져 세상밖에 돌덩이로 내동댕이쳐진 님하 선운사 길섶에서 나를 기다린 그대여, 동백꽃도 봄 햇살도 그대 입을 열지 못하고 나비의 날갯짓도 이끼의 속울음도 그대 귀를 열지 못했네 못했네 안으로 안으로 녹아내린 울음은 기어이 보살의 미소가 되었네 나는 보았네 내 발자국 소리에 눈감고 미소 지으며 날 반기던 그대를, 무에 그리 부끄러워 눈도 뜨지 못하고 뺨을 붉히는 그대 그 숨결을, 나 그렇게 만났네 만나졌다네 아! 그대 즈믄 해를 외오곰 여신돌

信잇든 그츠리잇가 信잇든 그츠리잇가 아, 님하

심   상心 象

가을볕에 앉아서 손톱을 다듬는다

낙하하는 잎새들이 한참 곱구나

네 떠난 꽃자리에서 하늘 한 겹 벗는다

荷汀 崔順香 時調集
옷이 자랐다

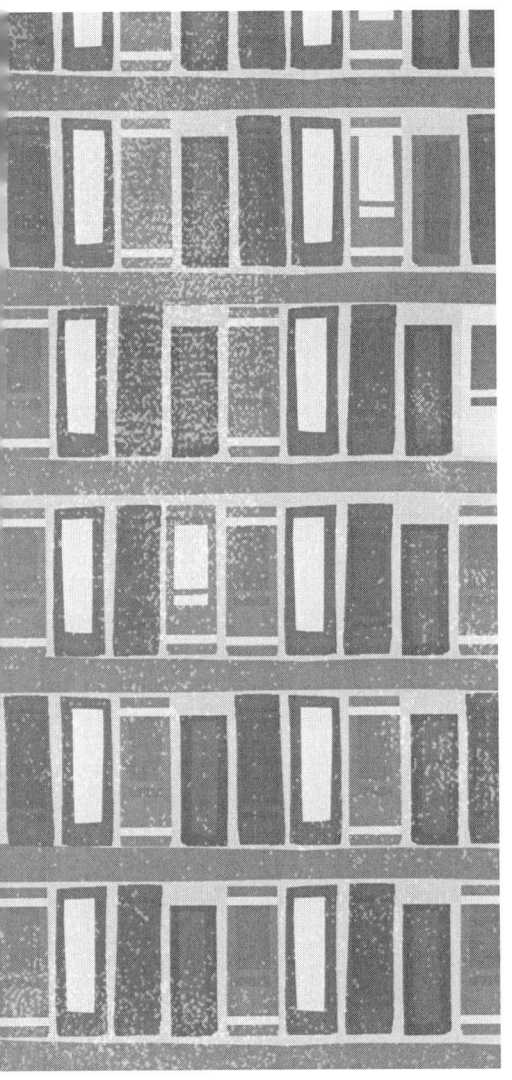

ㅇ

안부
5월의 숲
옷이 자랐다
음 신音信
이 력履歷
이삿짐을 싸다가
이상한 증세
이제야 보이네
이합離合의 둘레
인사동 연가戀歌
일기를 찢다
입동 즈음
입춘이 왔다갔네

최순향 시조집 옷이 자랐다

안 부

1
바람 따라 나섰다가 들꽃 꺾어 병에 꽂다
비탈길 노란 햇살 부서져 내려오고
우체부 찾는 마을에 기다림이 있었다

2
창 앞 나뭇잎에 빗방울 듣는 소리
네 생각 갈피마다 오동 보라 꽃이 핀다
잎 떨군 가지사이로 언뜻언뜻 푸른 하늘

최순향 시조집 옷이 자랐다

5 월 의 숲

야무진 빗방울 뒤
바람 한결 가볍다

새 떼

날아오르듯

눈부신 5월의 숲

최순향 시조집 옷이 자랐다

가만히
눈을 감는다
한 마리 새가 된다

옷이 자랐다

구순의 오라버니 옷이 자꾸 자랐다

기장도 길어지고 품도 점점 헐렁하고

마침내 옷 속에 숨으셨다 살구꽃이 곱던 날에

최순향 시조집 옷이 자랐다

음 신 音信

외로운 날은 먼 데 소리 듣고 싶다

겨우내 눈물 쏟던 이야기도 하고 싶고

아, 저기

언 땅을 밀고 벌써

진다홍 꽃 이파리

이　　력 履歷

울고 간
혹은 웃고 간
발자국 발자국들

온 몸으로 새겼느니라
바위에다 새겼느니라

하늘이 너무 멀어서 걷고 걷고 걸었느니라

최순향 시조집 옷이 자랐다

이 삿 짐 을   싸 다 가

버리자 작정하니 가져갈 것이 별로 없다
이불과 취사도구 옷 몇 벌에 책무더기
초라한 중간정산 앞에 실없이 웃어본다

갈라지고 틀어져 버걱대는 개다리소반
버리려 문을 열다 내려다 본 내 무릎
슬며시 도로 가져다 차 한 잔 올려놓는다

이 상 한   증 세

자물쇠 채워 놓은 단어들이 탈출했다

예를 들면 그리움 연민 혹은 사랑 같은,

마침내 가슴이 더워지고 맥박은 빨라지고

최순향 시조집 옷이 자랐다

이 제 야 보 이 네

사랑할 것들이 이렇게 많은 것을

비켜 선 호접란이 갸웃 고개 숙이고

고요가 그 옆에 서서 나를 보고 웃고 있네

이합離合의 둘레

헤어져 그 만남이
더욱 아름답듯
시인들은 제마다
낙조를 노래한다

저 하늘 검은 바탕에 흰 줄 긋고 오는 내일

최순향 시조집 옷이 자랐다

인 사 동 연 가 戀 歌

막걸리 한 사발에
건건이 한 조각

그렇게 마주한
동경銅鏡같은 얼굴 하나

잔잔한 미소 너머로
한 세월이 내리고

일 기 를   찢 다

위선과 위악이 번갈아 꿈틀대는,
다 써놓은 일기를 읽다말고 찢는다
절대로 솔직해질 수 없는, 내 솔직한 퍼포먼스

입 동 즈 음

한 해도 다 가버린 11월 그 어느 날

가슴 속 바람 분다
덕수궁 은행잎 진다

손 시린 생각 하나가 가지 끝에 떨고 있다

입 춘 이 왔 다 갔 네

그대
다녀간 자리
토담집 햇살 같다

깊숙한 눈빛하며
동그란 그 목소리

어디에
담아놓을까
입춘이 왔다갔네

荷汀 崔順香 時調集
옷이 자랐다

ㅈ, ㅊ, ㅍ, ㅎ

작 별

친구 이야기

파 도

한 계

호야의 일생

혹은 가고 혹은 남은

최순항 시조집 옷이 자랐다

작 별

숲이 울고 있네 나직나직 봄비 속에

꽃이 지고 있네 문경새재 십 리길

바람이 바람이 가네 꽃도 비도 다 데리고

친 구   이 야 기

도봉산엘 갔다가
가위 바위 보를 했다지요

진 사람이 하나씩
단추 풀기를 했다지요

그러다 아들 셋 낳고
잘 살고 있다지요

최순항 시조집 옷이 자랐다

파 도

허연 뼈 드러내며 바위에 부딪히다

더러는 채찍에 살이 튀어도 좋다

불멸의 말씀 한 마디 품을 수만 있다면

한 계

유폐된 황홀이다
저 산 너머 그 너머
무인도 몽돌들을
쓰다듬던 손길이다
오늘은
봄비로 와서
창문을 두드린다

최순향 시조집 옷이 자랐다

가만히 두드리며
나직나직 울고 있다
마알간 유리창
마주한 안과 밖
더 이상
다가설 수 없는
그 차갑고 슬픈 한계

호야*의 일생

집 한 채 그릇 하나 청빈한 삶이었다

세勢 과시 편 가르기 데모도 한 번 없이

마지막 임종 인사도 사람보다 아름다웠다

* 호야 : 기르던 개 이름

최순향 시조집 옷이 자랐다

혹 은 가 고 혹 은 남 은

혹은 가고 혹은 남은 작별의 광장에서
손 흔들며 떠나간 누군가의 자취를
그렇게 모래시계가 곱게 지우고 있었다

시간은 낮과 밤을 알맞게 갈라놓고
죽은 자의 이야기를 노래하고 있었다
바람이 혼자 남아서 외롭다 울고 있었다

최순향 시조집 옷이 자랐다

전통미와 모더니티와의 절묘한 만남
– 하정 최순향 시조집 《옷이 자랐다》 평설

김봉군 / 문학평론가
가톨릭대학교 명예교수

1. 여는 말

철학의 과제는 둘이다. 실재론(존재론)과 인식론 말이다. 정서와 의미 쪽에 친근한 서정시가 철학의 깊이를 가늠하는 것은 난망(難望)이다. 가락이 절묘해야지, 사상이 웅숭깊어서 명시(名詩)가 되는 것이 아니라는 심미론자(審美論者)의 말은 기본적으로 옳다. 이런 심미적 아포리즘도 모더니티와 만날 때 적이 휜다.

산이 거기 있기 때문에 그곳에 오른다고 어느 등산가는 말했다. 실재의 비의(秘義)를 포착하기 위한 부단한 정진이라 할 것이다. 인식의 주체는 실재의 본질에 도달하기 위해 최선의 패러다임을 설정한다. 그럼에도 실재가 그 비의를 감추고 있을 때, 추구할 열정이 있는 이는 정진을 멈추지 않는다. 만년설에 덮인 안나푸르나 영봉 자락 균열진 곳에 몸을 묻은 한 등산가는 산의 실재에 도달했을까? 정신분석학자는 아마도 실재 추구의 투신으로 그의 죽음을 해석할 것이다.

시인은 궁극적으로 실재의 은비(隱秘)로운 뜻과 형상과 소리를 음악가 다음으로, 예리한 감수성으로써 포착하는 영인(靈人)이다. 그는 만유의 영적 징표를 조명할 뿐 아니라, 우주에 충만한 파동에도 감응한다. 악성(樂聖), 시성(詩聖)이란 말은 결코 허튼소리가 아니다.

시조가 본디 성리학적 윤리관에 수렴되는 것이었으나, 정작 오늘에 좋이 읽히는 것은 도교(道敎)나 선불교(禪佛敎)·자연 서정(自然抒情)·개인 정감(個人情感) 쪽의 서정 시조들이다. 서화담(徐花潭), 황진이(黃眞伊), 윤고산(尹孤山), 독목교(獨木橋) 선승(禪僧)의 시조가 풍기는 아름다움에 우리는 더 공감한다. 그것이 N·하르트만식의 우아미(優雅美)거나 우리 전통 특유의 비애미(悲哀美)다.

하정(荷汀) 최순향(崔順香) 시조의 아름다움은 이런 전통미(傳

統美)에 접맥(接脈)된다. 이에 그친다면, 이 글의 서두가 이 같은 거대 담론을 끌어들이겠는가. 하정 시조의 전통미는 귀하게도 모더니즘과 만나 현대 시조의 정상을 지향한다. 일찍이 가람 시조가 모더니즘의 묘사적 이미지를 만나 거듭났다면, 하정의 시조는 주지적(主知的) 모더니티를 수용(受容)하여 현대 시조시단에 약진(躍進)해 있는 게 아닌가.

2. 하정의 시조미학

하정의 시조집은 표제부터 도발적이다. 기존 시조들 가운데 이 같은 의사 진술(擬似陳述, Pseudo-statement)로 된 것은 없다. 의사 진술은 시적인 거짓말이다. 사실의 세계에서는 개가 떡을 먹고, 바위는 굴러온다. 시적 진술에서는 떡이 개를 먹고, 바위는 걸어올 수 있다. 모더니티 발현의 한 예다.

이 시조집의 편집 방식은 특이하다. 소재나 주제별로 묶지 않고, 한글 자모 순으로 엮었다. 어떤 의미가 있을까?

(1) 길 밖에 길이 있음을

  음악이 예술 장르의 정점에 있는 것은 내용과 형식의 불가분리성(不可分離性) 때문이다. 하정의 시조미학은 '사유와 이미지와 형식의 어울림'이라는 시학(詩學)의 난제(難題)를 풀었다.

  생각 하나 점을 위해 수직으로 낙하한다
  생각 둘 넓이를 위해 흔들리며 내려앉는다
  하늘이 모자랄까 봐 가만히 엎드렸다
                            ― 〈가을 숲에서〉

  점, 면, 공간이 보인다. 수직, 수평이 공간으로 확대된다. 시인의 서정적 자아는 면과 하늘 사이에 있다. 천(天), 지(地), 인(人) 삼재(三才)의 합일이다. 생각 하나는 하늘에서 낙하하여 지평을 넓힌다. 그 지평이 입체가 되어 하늘을 채울까 저어하여 엎드린다. 사람(인, 서정적 자아)도 보는 자[見者]로서 비껴나 있다. 노자(老子)의 무위(無爲)다. 시가 소재의 상태를 완전히 탈각(脫却), 변용되었다. 창신(創新)이다. 법고(法古)는 잊지 않았다. 점 하나가 우주로 확대되는 시학적 기적(奇蹟)이다.
 시인의 서정적 자아가 이 기적의 좌표에 자리한 것은 애초에 여염(閭閻)의 통고 체험(痛苦體驗)을 탈속(脫俗)한, 원초적 자연 서정 몰입의 시공(時空)에 서 있음을 뜻하지는 않는다.

 감당한 무게만큼 닳아버린 뒤축하며
 조이느라 다 해진 가장의 구두끈이
 핏덩이 울컥 솟듯이 목에 걸린 아침나절
 　　　　　　　　　　— 〈가장家長의 구두〉에서

 세상살이의 무게가 핏덩이로 울컥 솟게 하는 통고 체험의 실상이다. "굴욕과 굶주림과 추운 길을 걸어 / 내가 왔다. / 아버지가 왔다. / 아니 십구문 반의 신발이 왔다."(〈가정〉에서)고 한 박목월의 시를 상기시킨다. 하정의 여염 체험은 서울 외진 뒷골목 허름한 식당의 석쇠에 올라 도도히 분신(焚身)하는 세네갈 갈치에도 투영된다. 하정에게도 삶이란 결코 녹록치 않다.
 그뿐 아니다. 사사로운 정념(情念)을, 하정의 서정적 자아는 외면하지 않는다. 인간적이다.

  가슴에 사막을 지니고 살았습니다
  풀 한 포기 못 키우는 불임의 땅에서
  오늘은 터지는 통곡을 당신께 바칩니다
— 〈고백〉에서

여기서 '당신'은 사적이건 보편적이건 신앙 고백의 대상이건 상관이 없다. '풀 한 포기 못 키우는 땅'도 '버려진 돌멩이까지도 은혜로운 영토'일 만큼 헌신적인 어조(tone)가 가슴을 친다. 온몸을 불사를 듯 흠모(欽慕)의 정을 기어(綺語)로 분출(噴出)한 모윤숙의 〈렌의 애가(哀歌)〉에 비하여, 하정의 〈고백〉은 진정성을 얻는다.

  대들보를 베고 누운 서까래의 안분安分들
  기막힌 저 구도를 누가 먼저 세웠을까
  우리네 살아가는 일 저만하면 좋겠네
— 〈구도構圖〉

가옥의 구성 요소를 삶의 경우에 빗댄 알레고리다. 안분의 구도를 선망(羨望)한 평이한 시다. 이 위에 평정(平靜)이 깃들이니 금상첨화(錦上添花)다.

길게 누운 고요 위로 소리가 지고 있다
꽃의 울음소리를 고요가 먹고 있다
유리벽 뚫다 넘어진 그림자가 흩어진다
— 〈고요에 대하여〉에서

낙화(落花)의 정경이다. 꽃이 소리로 지고 그것이 울음소리를 낸다 해도, 그건 고요 속에서 고요를 머금었다. 투명한 그 영상이 소리 없는 그림자로 흩어진다. 낙화의 우주는 이같이 정밀하다. 발자국 위에 흔적으로 괴는 고요는 '찔려도 좋을 하늘'까지 먹는다. 꽃에 찔려 상채기날 하늘을 고요는 품는다. 낙화, 그것은 정밀(靜謐)의 우주 속에 있다. 낙화의 형상이 모더니티를 만났다. 김남조의 현대시 〈빛과 고요〉 못지않은 현대 시조다.

한없는 그리움과 무량의 그리움들
들풀이 자리하듯 그렇게 심어놓고
침묵은 바람이 되어 숲 속에서 자라네

이별을 배운 숲엔 눈물고 섬이 된다
스스로 가두어 흔적으로 남겨진
유예의 이 계절 앞에 입을 다문 영혼이여

— 〈겨울 숲〉에서

총 3개 연(또는 3주) 중 제2, 3연이다. 첫 연은 침묵의 숲이 '길 밖에 길이 있음'을 알린다. 제2연 '한없는 서성임과 무량의 그리움들'은 우리 시가 전통의 '그립고 아쉬운 정'에 접맥된다. "이별을 배운 숲엔 눈물도 섬이 된다."는 이별과 고독의 심서(心緒) 표출 기법상 절륜(絕倫)의 경지를 넘본다. 영혼의 정처(定處)는 어디인가. 정서와 지성이 조화를 이룬 작품이다.

최순향 시조집 옷이 자랐다

골목 안 어디선가 괘종시계 치는 소리
반쯤 열린 대문 안엔 칸나꽃이 붉었다
어두운 장지문 너머 세월이 서성이고

— 〈기억 저편〉

 초장·중장에 시각과 청각의 이미지가 선연(鮮妍)하다. 종장의 '세월이 서성이고'의 여운이 마음을 이끈다.
 하정의 맑은 영혼은 마침내 천상(天上)의 질서, 사랑에 귀착(歸着)한다.
 실은 하정 시조론, 이쯤에서 설진(說盡)이다.

(2) 바위는 천년을 두고
 하정은 옛 시간을 되살린다. 유장(悠長)한 흐름에 마음을 실어도 본다. 그것이 천년에 사무치면 더할 나위 없고.

눈감고 흘러가는 강물이면 좋았을 걸
거침없이 제길 찾는 바람이면 더욱 좋고

바위는 천년을 두고 네게, 꽃이 되고 싶었다

— 〈돌꽃〉

   하정의 서정적 자아는 역시 일체 삶의 영위(營爲)를 흐름 속에 맡기고파 한다. '돌꽃'의 염원이다. '너'에게 꽃이 되고 싶은 천년 바위. 이 엄청난 실재(實在)를 내세워 놓은 바위꽃 앞에 우리 독자들은 어쩌란 말인가.

   바위라는 실체(實體)를 놓고 독자를 난감케 한 우리 문인 셋의 모습이 지금 눈앞에 떠오른다. 먼저 청마 유치환이다. 그의 바위는 깨어져도 소리하지 않는 억년 함묵(緘默), 그런 비정(非情)의 바위다. 다음 집 떠난 아들이 돌아오기를 기원하는 한센병 환자 어머니의 애탄(哀嘆)의 바위다. 그녀는 바위가 거울처럼 빛나면, 아들이 돌아오리라 믿고 돌로 바위를 간다. 다음, 문제는 천년에 사무치는 하정의 돌꽃 바위다. 고속요(古俗謠)의 '긴(신, 信)잇단 그츠리이까'의 연면(連綿)한 정념의 전통을 변용했다. 하정의 돌꽃 바위는 창신(創新)의 지배소(支配素, dominant), 소중한 상관물이다.

최순향 시조집 옷이 자랐다

동그랗게 모로 누워 쓸어보는 베갯모
큰애기 손끝에서 피어나던 꽃밭이다
아득히 모란이 핀다 초례청이 보인다
　　　　─ 〈노년, 그 아득함에 대하여 1 - 베갯모〉에서

하정의 서정적 자아는 아득한 기억의 저편, 아물거리는 시간을 되살린다. 큰아기가 한 땀 한 땀 떠서 만든 베갯모의 꽃밭, 목련이 피는 봄날의 초례청, 이 세 가지 지배소가 우리의 고아미(高雅美)를 재현하며 그리움을 환기(喚起)한다. 살구꽃이 핀 뜨락에 차일이 쳐지고, 신랑의 사모관대(紗帽冠帶), 신부의 파르르 떠는 족두리, 고아(高雅)한 혼례식이 베갯모의 손길을 따라 꽃길을 연다.

오래 전 세상 떠난 어머니가 웃고 있고
다듬이질 소리가 온 마당에 깔렸고
낼 모레 시집갈 언닌 방물장수 곁에 있고
　　　　─ 〈노년, 그 아득함에 대하여 - 흑백 회상〉

앞에서 본 〈베갯모〉의 연장선상에 있는 작품이다. 풍속화 한 편이다. 논리학상 판단 보류, 판단 중지의 기법으로 쓴 박목월의 〈불국사(佛國寺)〉와 닮았다. 〈불국사〉에 비해 서술부가 둘 더 있으나, 그것도 〈불국사〉의 경우처럼 시인의 감성 표출이 최대한 절제되었다. 하정의 시적 감수성 현대화 수준을 가늠케 한다.

(3) 천년의 우담바라가

하정의 곡진(曲盡)한 실재 탐구안(探究眼)의 촉수(燭數)가 마침내 진경(眞境)을 더위잡는다. 시의 대상이 즉물적(卽物的)이기를 넘어 본격적으로 육화(肉化), 자아화 하기에 이른다.

거꾸로 매달린 채 혼절하길 몇 차례
논바닥 갈라지듯 전신은 갈라지고
수없는 낮과 밤들이 왔다간 돌아가고

눈물도 말라버린 달빛 푸른 어느 밤
살을 찢고 피어나는 뽀얗고 푸른 꽃

천년의 우담바라가 그댈 위해 피었다

— 〈메주꽃〉

  메주의 숙성이 완료되어 메주꽃이 피기까지의 과정, 그 비의(秘義)를 치열하게 표출하였다. 한 생명을 잉태하고 키우고 분만하듯 한 통고 체험이 적실(的實)히 구상화(具象化)하였다. 혼절, 균열, 육참(肉斬)의 극한적 고통으로 이루어진 메주꽃을 불교 천년의 우담바라라 하였다. 미당 서정주의 〈국화 옆에서〉보다 더 극적이다. 〈메주꽃〉의 화자(話者)에게는 소통의 대상이 있어 다르다.

그대가 바라보던 편편백백片片白白 저 서설瑞雪은
꽃이다 바람이다 바람 밖의 사랑이다
빠개어 가슴을 열면 무슨 꽃이 피려나

— 〈무슨 꽃이 피려나〉

  시정(詩情)이 치열하다. '편편백백'의 조어(助語)가 적이 새롭고, 중장의 점층적(漸層的) 수사 기법(修辭技法)이 질곡하고 간절하다. '가슴을 빠개어 열릴 꽃'은 그 결정체(結晶體)다.

    한 점 찍고 눈감는다 한 획 긋고 숨돌린다
    한 사람 살아가는 발자국 소리 같다
    흰 종이 검은 색깔의 살점들이 보이네
                                    ― 〈묵墨〉

먹물로 한 획 두 획 글을 쓴다. 한 획 또 한 획이 인생의 나아감이다. 흰 종이와 검은 먹물 자취가 살점으로 보이는 새로운 발견이 경이롭다.

(4) 능소화 꽃그늘로
가수가 득음(得音)하듯 수도승이 득도(得道)하듯 시인이 시의 진경(珍境)에 들면, 어조가 눅고 말 트임에 거침이 없다.

    눈물로 꽃이 되는 5월의 곰배령
    나, 그댈 생각했네 그대를 보았네

최순향 시조집 옷이 자랐다

바람이 울고 간 자리 꽃으로 온 그대 얼굴
— 〈바람꽃〉

눈물도 바람도 꽃을 불러오는 5월 곰배령은 시인 개인의 체험적 실체이거나 보편적 체험의 고개이다. 역시 소통의 대상인 '그대'가 초대된 시조이다. 바람꽃은 먼 산에 구름같이 끼는 보얀 기운으로, 바람이 낄 징조가 된다.

능소화 꽃 그늘로 노을이 쌓이고 있었다
어느새 그 노을은 데미안의 알을 품고
새는 날 하늘을 가르고 목이 긴 새가 떴다
— 〈변용變容〉

능소화는 여름 꽃이다. 잎은 넓고, 꽃은 깔때기 모양으로 색깔은 불그스름하다. 능소화(凌霄花), 하늘을 넘어서고 능멸하다니, 무엇인가 옛 설화를 연상시키는 꽃 이름이다. 꽃그늘에 노을이 쌓이는 시공(時空), 헤르만 헤세의 목이 긴 새가 떴다. 하정의 빼어난 감수성의 높이가 어느 하늘쯤일지 모르겠다.

   뼛가루와 하얀 햇살 여전히 파란 하늘
   바람은 무덤에 와 자장가를 부르고
   느리게 아주 느리게 봄날이 가고 있다
                                           — 〈봄날〉

  햇살과 파란 하늘 그 중심에 시간이 멈춘, 주검의 징표인 무덤이 자리해 있다. 거기서 봄날은 아주 느리게 흐르고 있다. 하정의 소망은 느린 봄날을, 독자들과 함께 누리는 것이다.

   벚꽃 환한 어느 봄날 꽃잎 날 듯 같이 날자
   두어 바퀴 굴러서 꽃 속에 누웠다가
   연분홍 꽃물 들거든 초례청에 같이 서자
                                      — 〈봄날 연서〉

  연인의 동정(動靜), 꽃의 비상(飛翔)과 하락(下落), 잠적(潛跡),

최순향 시조집 옷이 자랐다

이윽고 초례청(醮禮廳)에 서는 과정이 계기적(繼起的)으로 제시되었다. 초련(初戀)에서 혼인까지의 과정이라면 더할 나위 없다. 고전적인 사랑의 서사(敍事)가 깃들었다.

  밟아라 밟아라 밟힐수록 일어설 거다
  한겨울 죽었다가 짱짱하게 일어설 거다
  기미년 독립 만세 부르듯 그렇게 일어설 거다
                                    — 〈보리〉

보리를 자아로 설정하여 결연한 의지를 표출한 작품이다. 이런 아포리즘 지향적 진술은 하정의 시조에서는 이변이다. 옛 보리밟기 농사법에 모티브를 둔다.

  차마 버티지 못할 그 날 그 손짓하며
  아직도 남아 있을 옷소매 추억까지
  남몰래 여린 빛으로 이 가을을 걷고 싶다

그리하여 저 깊숙이 어두운 그 곳까지
바래어 깃발 되는 저 하늘 그 자리까지
그 옛날 어머니 뜨락 빨래가 되고 싶다
— 〈빨래가 되고 싶다〉에서

하정의 마음, 속살이 드러났다. '끈적이던 욕망의 늪'(제1연)에서 나와, 차마 못 버릴 어느 날의 손짓과 아직도 남아 있을 '옷소매 추억' 들 다 떨친 무욕(無慾)·무예(無穢)의 실체로서, 창궁(蒼穹)에 사무치는 깃발로 휘날리고 싶은 소망을 담았다.

(5) 밤하늘 푸르게 걸린

산다는 것이 녹록치 않음을, 하정은 곳곳에서 아파한다. 유리 조각 밟으며 피 흘리고 걷기도 하다 면벽 좌선(面壁坐禪)하며 원념(願念)은 청정심(淸淨心)이다.

입추 무렵 매미가 목 놓아 울어대듯
유리 조각 밟으며 피 흘리고 걸어가듯

최순향 시조집 옷이 자랐다

오늘은 맑은 종소리 하늘에서 내립니다
                    — 〈산다는 건 2〉에서

가시 한 마리가 마음밭을 휘젓습니다
왕소금 한 가마닐 뿌리고 또 뿌렸지요
그러다 나도 가시가 되어 나뒹굴어 버렸습니다
                    — 〈상황 종료〉

 순교의 길을 가듯 유리 조각 밟으며 피 흘리고, 마음밭[心田]을 휘젓고 다니는 가시 '한 마리'에, 왕소금 가마니째 뿌려 훼살짓는 통고(痛苦)의 인생을, 하정의 자아는 혼신(渾身)으로 감내(堪耐)한다.

생각도 물길처럼 그랬으면 좋겠다
탁류로 흐르다가 폭포로 꽂히다가
유순히 다시 흐르는 맑은 울음 그것처럼

생각도 별처럼 그랬으면 좋겠다

폭우에 젖었다가 바람에 흔들리다
밤하늘 푸르게 걸린 고운 눈빛 그것처럼
— 〈생각〉

탁류 끝자락의 폭포, 폭우와 바람의 곡절을 거쳐 유순히 흐르는 강물이기를, 밤하늘 푸르디푸른 눈빛 고움이기를. 하정의 서정적 자아는 생각의 안온(安穩)과 청안(靑眼)을 꿈꾼다. 파란(波瀾)과 평온의 이미지 형상화 기법이 탁월하다.

청람빛 봄 하늘에 노오란 생강꽃
그 나무 가지 사이 초승달이 걸렸다
파르르 겁에 질려서 새파랗게 떠 있다
— 〈생강꽃과 초승달 – K화백의 전시회에서〉

이 시의 지배소 봄 하늘, 생강꽃, 나무, 초승달의 대비된 색채 이미지, 이들의 공간 배치, 초승달의 파동감. 시조 이미지 형상화의 백미(白眉)다.

(6) 살구꽃이 곱던 날에

이미 하정의 '노성(老成)' 얘기를 했다. 그리움, 연민, 사랑, 초려(焦慮) 같은 심경의 파문이 소실된 자리에서 하정의 서정적 자아는 비로소 개안(開眼)한다.

사랑할 것이 이렇게 많은 것을
비켜 선 호접란이 갸웃 고개 숙이고
고요가 그 옆에 서서 나를 보고 웃고 있네
— 〈이제야 보이네〉

원숙미(圓熟美)에 닿아 있다. 일체 속사(俗事)의 굴레를 빚은 진제(眞諦)의 경지, 제념(諦念)의 상황이다. 만해 한용운이 '임의 모습에 눈멀고, 임의 소리에 귀먹은' 자아의 원상(原狀)이다. 눈먼 사울이 눈뜬 바울이 된 시공이다. '보는 자'를 '고요'로 설정한 하정의 시업(詩業)은 충분히 성공적이다. '온몸으로 바위에 결결이 바위에 새기며 하늘이 너무 멀어 걷고 또 걸었던 개인사(個人史)' 〈이력서〉에 이젠 애면글면 않는다.

한 해도 가버린 11월 그 어느 날
　가슴 속 바람 분다 덕수궁 은행잎 진다
　손 시린 생각 하나가 가지 끝에 떨고 있다
　　　　　　　　　　　　　　　　　— 〈입동 즈음〉

　현대 시조는 모더니티, 이미지즘·주지주의에 곁을 내어 준 그 즈음에 시작되었다. 영탄과 직설의 감정 분출을 지성적 절제와 이미지 제시로 갈음했다는 뜻이다. '손 시린 ~ 떨고 있다'의 종장(제3행)을 보라. 이는 이 작품을, 새로운 이미지 창출을 필생의 업으로 삼았던 에즈라 파운드가 찬사를 아니 아낄 가편(佳篇)이 되게 한다. 가람 시조의 건조미(dry hard image)에 감동을 품은 하정의 시조에 독자는 환호한다.

　구순의 오라버니 옷이 자꾸 자랐다
　기장도 길어지고 품도 점점 헐렁하고
　마침내 옷 속에 숨으셨다 살구꽃이 곱던 날에
　　　　　　　　　　　　　　　　　— 〈옷이 자랐다〉

최순항 시조집 옷이 자랐다

이 시조집의 표제가 된 작품이다. 옷이 자랐다는 것은 의사 진술이다. 노인은 나이가 들면서 뼈대와 살이 여윈다. 척추도 내려앉아 키가 줄어든다. 그걸 '옷이 자랐다'고 하여 시적 흡인력을 키웠다. 관점이 빼어나다.

(7) 불멸의 말씀 한마디

이별과 한계가 심금을 울릴 때가 있다. 결별(訣別)은 더욱 그렇다. 만나서 생명 한 움큼 빚기도 하고, 생명의 스러짐 앞에 서게도 한다. 불멸의 말씀을 보채다가 부서지기도 한다. 시인이 섭리 앞에 선 모습이다.

숲이 울고 있네 나직나직 봄비 속에
꽃이 지고 있네 문경 새재 십리 길
바람이 바람이 가네 꽃도 비도 다 데리고
— 〈작별〉

드물게 민요조다. 소월과 목월의 화법이 감지된다. 작별의 섭리

하여 상호 유사성과 이질성을 판별하는 것은 독자들의 몫이다.

이 글은 분석주의적 관점, 특히 "문학의 학문적 연구를 위한 자연스럽고도 현명한 출발점은 작품 자체의 해석과 분석이다."고 한 신비평(new criticism)의 충고를 규범으로 하여 씌었다.

하정의 시조미학은 '사유(思惟)와 이미지와 형식의 어울림[諧調]'라는 시학 일반의 난제(難題)를 푼 탁월성에 갈음된다. 가령, 자연을 소재로 한 시조도 인간의 존재론적 본연지성의 이(理)를 넘어 기질지성의 개성, 특수성을 표출한다. 동시에 보편 지향의 감수성과 사유의 세계로 확산된다.

하정의 서정적 자아의 원형은 자주 유소년의 가족과 여염의 체험적 사실에 있으나, 그것이 퇴영적·감상성(感傷性)에 매몰되지 않는 창조적 상상력으로 고양(高揚)되어 있다는 점이 값지다.

하정 시조의 지배소들이 법고(法古)를 넘어 창신(創新)의 시업(詩業)으로 빛난다는 점에 독자들의 감동이 있다.

이는 그의 전통적 미의식이 모더니티를 만나 거듭난, 우리 시조 시사의 범상치 않은 수확이다. 소재의 다변화와 감정 절제의 모더니티, 그 절묘한 만남의 소산이다.

가 읽힌다.

　　유폐된 황홀이 있다 저 산 너머 그 너머
　　무인도 몽돌들을 쓰다듬던 손길이다
　　오늘도 봄비로 와서 창문을 두드린다

　　가만히 두드리며 나직나직 울고 있다
　　마알간 유리창 마주한 안과 밖
　　이상 더 다가설 수 없는 그 차갑고 슬픈 한계
　　　　　　　　　　　　　　　　— 〈한계〉

　간절한 그리움과 만남의 한계를 노래했다. 투명한 유리창을 경계로 한 만남의 좌절, 그래서 하정의 자아는 '유폐된 황홀'이라는 역설로 말문을 열었다. 관계가 곡진(曲盡)할수록, 거리가 가까울수록 좌절당하는 사모(思慕)의 기막힌 극적(劇的) 비극이다. 황진이(黃眞伊), 홍랑(洪娘), 매창(梅窓), 이옥봉(李玉峯)의 정서를 창조적으로 계승한 작품이다.

허연 뼈 드러내며 바위에 부딪히다
더러는 채찍에 살이 튀어도 좋다
불멸의 말씀 한마디 품을 수만 있다면

— 〈파도〉

  치열하다. 시조의 어조가 이렇듯 강렬해도 되는가. 우리 시조시사상(時調詩史上) 혁신의 한 몫에 갈음되는 긍정적 소식이다. '불멸의 말씀 한마디'를 품기 위한 신앙적 희생의 어조를 띠는 명시조(名時調)다.
  유교의 이기철학으로 볼 때, 서정적 자아의 원형은 본연지성(本然之性)이다. 본연지성은 인간의 존재론적 속성인 이(理)만을 지칭하는 것이고, 이와 기(氣)를 아울러 가리킬 때는 기질지성(氣質之性)이 된다. 이기철학에서 이는 동일·통일·보편성의 원리이며, 기는 차별·분별·특수성의 원리다. 서정적 자아의 원형은 객관과 주관, 이성과 감성의 구분이 일어나지 않은, 사물과 접촉하지 않은 성(性)의 개념과 같다. 이 같은 서정적 자아의 원형은 천인합일(天人合一), 물아일체(物我一體), 물심일여(物心一如)의 상태에 있어, 자연과 조화된 통일체로서 대립·갈등이 일어나지 않는다. '산 절로 수 절로 산수간에 나도 절로'의 시조가 이에 속한다.

현대시의 기질적 자아는 세계와 대립·갈등을 일으키고, 보편화·이상화의 원리인 이(理)에 의지하여 자아와 세계의 합일을 추구한다. 그 방법에는 동화(assimilation)와 투사(投射, projection)가 있다. 황진이 시조 '동짓달 기나긴 밤'은 동화, 노천명의 시 〈사슴〉은 투사에 해당한다.

하정의 〈파도〉는 투사의 범주에 든다.

시학과 시 창작은 이처럼 밀착된 것이다.

혹은 가고 혹은 남은 작별의 광장에서
손 흔들고 떠나간 누군가의 자취를
그렇게 모래시계가 곱게 지우고 있었다

시간은 낮과 밤을 알맞게 갈라놓고
죽은 자의 이야기를 노래하고 있었다

바람이 혼자 앉아서 외롭다 울고 있었다
— 〈혹은 가고 혹은 남은〉

　광장의 의미와 서술적 이미지를 텍스트 지향적 어조로 표출하였다. 이는 '실제 시인 ⇨ 현상적 화자(話者) ⇨ 현상적 청자(聽者) ⇨ 함축적 독자 ⇨ 실제 독자'의 과정을 통하여 소통된다. 박목월의 〈가정〉은 화자와 청자가 드러난 경우이고, 김영랑의 '내 마음의 어딘 듯 한편'에는 현상적 화자가, 신동엽의 〈껍데기는 가라〉는 현상적 청자가 드러난 작품이다. 김광균의 〈데생〉과 신경림의 〈파장〉에는 화자·청자 모두 나타나지 않는다.
　하정의 〈혹은 가고 혹은 남은〉에서는 화자·청자가 숨었다.

3. 맺는 말

　하정의 제2시조집 속 일곱 묶음은 소재·주제·형식·기법·이미지, 그 어느 것의 계기성(繼起性)과 상관없이 묶였다. ㄱ~ㅎ의 자음 순서에 따라 편집되었다. 각 묶음별로 이루어진 평설을 통

최순향 시조집 옷이 자랐다

하정의 이 시조집은 표제부터 의사 진술이다. 하정은 우리의 전통 미학을 심도 있는 독서 체험으로 내면화하였다. 학부에서 약학을 전공한 하정이 동아시아 한자 문화 유산에 대하여 해박한 지식을 터득, 체화(體化)한 것은 경이로운 일이다. 그는 《고문진보》·《당시선(唐詩選)》은 물론 경서(經書)에 대한 기본 소양까지 두루 섭렵한 고급 교양인이다.

하정은 우리 고시가(古詩歌)를 탐독하여 향가(鄕歌), 고속가(古俗歌), 시조에 조예가 깊다. 그의 제1시조집 표제가 고속가에서 따온 《긴힛둔 그츠리잇가》로 한 것이나, 이번 제2시조집에도 시조 〈信잇둔 그츠리잇가〉를 실은 것이 그 증거다. 그는 2008년 《시조생활(時調生活)》에 육당 최남선론 〈백팔번뇌 소고〉를 썼고, 종내 2012년 시천(柴川) 유성규론(柳聖圭論)인 〈민족 정서의 형상화와 시적 보편성〉이 당선되어 시조 평론가로 등단하였다.

하정은 시조 이론과 창작 합일의 무거운 주제로 새로운 좌표 설정을 요청받고 있다.

이 글은 정서와 의미 쪽에 친근한 서정시가 그 생명인 가락과, 철학의 실재(존재)론과 인식론의 깊이에서 일품(逸品)으로 창출되어야 한다는 원념(願念)을 피력하면서 시작되었다. 이는 난제(難題) 중의 난제다. 그럼에도 그 열망 실현의 확연한 실마리를 하정의 이번 작품에서 다잡을 수 있었다. 정지용의 말대로 법열(法悅)이다. M. 하이데거의 말대로 '언어는 존재의 집'이다. 언어 예술의 정점에 자리한 시가 존재 탐구 지향성을 보이는 것에 이론(異論)은 없겠다. 하정의 시조가 전통 정서와 사유(思惟)의 세계, 모더니티를 화학적으로 융화하여 존재의 실체 조명의 가능성을 보인 것은 시조시사적 사건이다.

  앞으로, 하정은 '그리움'·'사랑'이라는 말 하나 쓰지 않고 그리움과 사랑을 쓴 기독교 신앙시의 길이 열려 있다. 그의 신앙의 정화(精華)로서 문학사, 종교사에 아로새겨질 신앙 시조의 길 말이다.

  하정은 우주에 충만한 창조주의 영적 파동(波動)에 깊이 감응하는 영인(靈人)이다. 앞으로, 하정을 통하여 영혼에 사무치는 명시조가 창출되기를 바라며, 제2시조집 발간을 기린다.

최순향 시조집 옷이 자랐다

후 기

  그저 가는 대로 가다가 어느 날 멈추라시면 멈추는 것이 사는 일이라 생각하며 살았다.
  언제 끝나건, 알 수도 없고 알 필요도 없는 여정.
  매 순간 내가 사랑하는 사람들과 더불어 하늘을 바라보며 땅을 딛고 살아간다는 건 참으로 행복한 일이었다.

  굳이 내 시여야 한다는 생각은 없었다.
  남의 좋은 작품 읽을 때가 더 행복할 때도 많았다.
  그런데, 첫 번째 시집을 낸 지 11년이 지나고 보니, 가슴 속에 고여 있는 생각의 편린들과 여기저기 발표한 작품들을 한 번쯤 가지런히 꿰어 보고 싶기도 했다.

  나이 탓일까 일상을 노래하고 싶었고, 내 주변의 소중함을 기억하고 싶었다. 굵어진 손가락의 마디가 그랬고, 가끔씩 아파오는 무릎의 안쓰러움이 그랬다. 사랑하는 사람들의 주름살과 흰 머리도, 이승과 저승과의 갈림도 아름다웠다.

   이 모든 것들의 유한함이, 그리고 눈에 잘 띄지 않는 자잘한 일상의 소중함에 가끔 목이 메곤 했다.

   특히 사람과의 따스한 인연이 그랬다.

이런 걸 모아서 이름을 붙였다.
《옷이 자랐다》라고.
언젠가 나도 옷이 자라면 옷 속에 숨으리라.
우리 모두도 그러하리라.
그때까지 사랑하며, 사랑을 노래하며 살고 싶다.

   건강이 좋지 않으신 가운데도 서문을 써 주신 나의 스승 시천(柴川) 유성규(柳聖圭) 박사님과, 불편하신 손목에 붕대를 감고 평설을 써 주신 우석(隅石) 김봉군(金奉郡) 교수님께 온 마음을 다해 감사드린다.

                                           然荷燕居에서 최순향